이럴때, 우리는

이럴때, 우리는

발행일	2018년 4월 6일

지은이	치유팀 '산책' - 김지은, 남소현, 신미		
펴낸이	손 형 국		
펴낸곳	(주)북랩		
편집인	선일영	편집	권혁신, 오경진, 최예은, 최승헌
디자인	이현수, 김민하, 한수희, 김윤주, 허지혜	제작	박기성, 황동현, 구성우, 정성배
마케팅	김회란, 박진관, 유한호		
출판등록	2004. 12. 1(제2012-000051호)		
주소	서울시 금천구 가산디지털 1로 168, 우림라이온스밸리 B동 B113, 114호		
홈페이지	www.book.co.kr		
전화번호	(02)2026-5777	팩스	(02)2026-5747

ISBN	979-11-6299-064-3 03180(종이책)		979-11-6299-065-0 05180(전자책)

이 도서의 국립중앙도서관 출판예정도서목록(CIP)은 서지정보유통지원시스템 홈페이지(http://seoji.nl.go.kr)와
국가자료공동목록시스템(http://www.nl.go.kr/kolisnet)에서 이용하실 수 있습니다.
(CIP제어번호 : CIP2018010397)

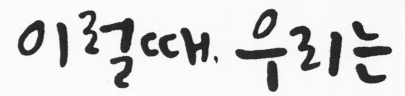

이럴때, 우리는

성폭력 피해 아동과 부모를 위한 치유그림책

• 치유팀 '산책' •

· · ·

우리와 함께 치유의 길을 산책할
세상의 모든 성폭력 피해 아동과 그 부모를 위해

* 여기서 등장하는 '도담'이라는 가상의 아이 이름은, '건강하게 자라나라'는 뜻에서 '어린애가 탈 없이 잘 자라는 모양'을 나타내는 도담도담에서 따온 순우리말 이름입니다. 아이들의 마음이 더욱 건강하게 잘 자라나길 바라며 이 이름을 붙였습니다.

* 본 저서에서는 아이를 낳아준 생물학적 부모만이 아니라 아이를 사랑하고 돌보는 심리적인 보호자를 모두 아울러 '부모'로 표기하였습니다.

첫 번째, 우리 아이, 왜 이러죠?

두 번째, 잘못하는 걸까요?

세 번째, 괜찮아질까요?

· 첫 번째 ·

우리 아이, 왜 이러죠?

여기에는 성폭력 피해 이후
우리 아이가 보일 수 있는 여러 모습을 담았어요.
겉모습만 보면 당황스러울 수 있지만
사실 아이는 자기 마음을 다스리기 위해 애쓰는 거예요.

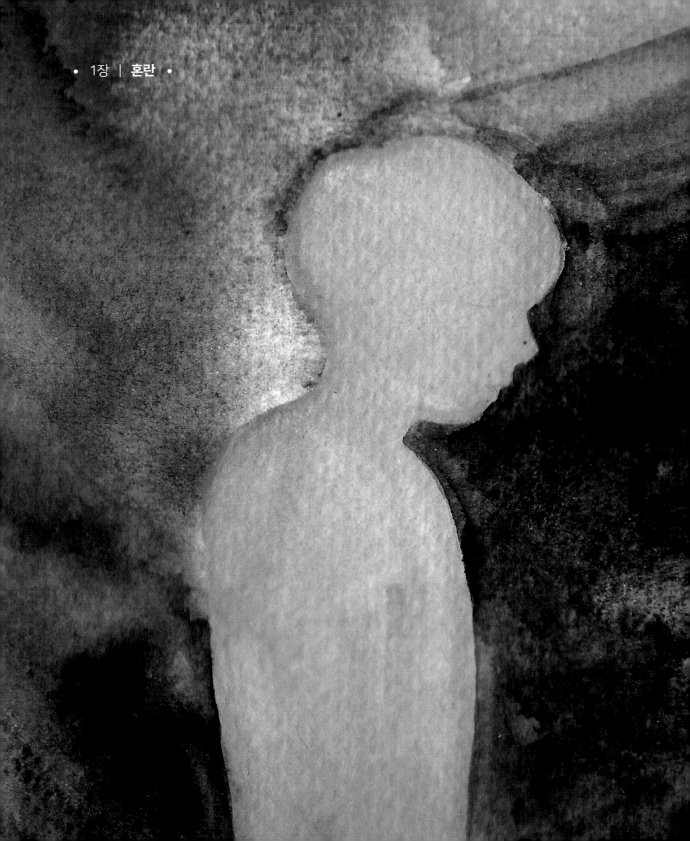

성폭력 피해 후 보호자가 특히 주의해서 지켜보고 긴급하게 개입해야 할
신호들부터 먼저 살펴볼게요.

"안 그러던 애가 얼마 전부터 애기 짓을 하더라고요."

이러면 부모는 아이가 언제까지나 애기 짓을 할까봐 걱정되시죠?

특정사건을 경험한 아이들에게는 퇴행이 종종 나타나요. 아이는 정말 아이가 되고 싶은 게 아니라 어렸을 때처럼 보다 많은 사랑과 관심을 받고 싶은 거예요. 부모가 받아주기 힘든 행동이 있으면 그 행동은 제한해야 해요. 그러나 그렇게 하고 싶은 아이의 마음을 이해해주세요.

"우리 도담이가 엄마에게는 3살이고 싶구나. 그치만 엄마는 우리 도담이가 8살 친구들처럼 씩씩하게 얘기할 수 있는 거 알아. 우리 그렇게 다시 얘기해보자." 라고 일러주세요.

"아이가 갑자기 인형 치마를 난도질해서 깜짝 놀랐어요."

아이가 놀다가 그런 거죠? 나름의 건강한 표현이에요.

아이들은 충격적인 일을 경험하면 그 일을 소화시키기 위해서 놀이를 통해 반복적으로 다루어요. 이렇게 하다보면 서서히 정리도 되고 마음도 차분해져요.

부모 입장에서는 이런 놀이가 너무 공격적이라고 느껴져서 그런 놀이를 하지 못하게 하거나 좀 더 순하게 바꿔주려고 하실 수 있지만, 이건 오히려 아이가 안전하고 건강하게 표현할 수 있는 길을 막는 아주 위험한 행동이에요. 그러니 이렇게 놀 수 있도록 충분한 시간을 주세요.

"기저귀도 한참 전에 땐 애가 요즘 들어 오줌을 싸요."

일단 병원에 가셔서 몸에 이상이 없는지 확인하세요. 이상이 없다는 소견을 들으셨다면 이제 아이의 마음에 귀 기울여 주세요.

이 시간동안 부모님이 잘 견디시는 게 가장 중요해요. **실수한 아이에게 화를 내거나 짜증을 퍼붓거나 매를 드는 건 이 시간을 더 길어지게 만들어요.** 그래서 아이를 나무라지 않도록 차라리 방수패드를 깔아주시거나 밤에만 기저귀를 채워주시는 것도 하나의 방법이에요. 이 문제로 계속 아이를 혼내고 이 때문에 아이가 주눅 들게 되면 오히려 상황이 더 심각해져요.

"아이가 자꾸 자기 성기를 들여다봐요."

"지난번엔 휴대폰으로 야한 동영상도 여러 번 찾아본 것 같아요."

이건 사춘기에 흔히 나타나는 성적 호기심이 아니에요. 아이의 연령에 어울리지 않는 이런 성적 관심은 건강하지 않고 자연스러운 것이 아니죠. 은밀하고 왜곡되어 있어서 혼자만의 것으로 감춰질 수 있어요. 성폭력 피해 아동은 과도하게 성에 집착하거나 지나치게 성을 혐오하기도 해요.

자, 진지하게 생각해보세요. 부모로서 성에 대해 **'내가 아이와 자유롭게 얘기할 수 있을까?', '내가 아이와 이런 얘기를 할 수 없다면 우리 아이는 누구와 얘기할까?'** 우리 아이가 아무나가 아니라 안전한 사람과 이야기할 수 있도록 도와주세요. 아이와 함께 적극적으로 성교육을 받거나 심리치료를 생각해보세요.

"아이가 자기 몸 사진을 찍고
섹스팅을 하는 것 같던데 제가 잘못 본 걸까요?"

아이는 또 다른 위험 상황에 이미 놓여있어요. 부모는 신고를 포함하여 전문가의 개입과 같은 필요한 조치를 취해 아이를 위험에서 꺼내주셔야 합니다. 아이는 혼란 속에 갇혀 오히려 다른 위험을 자초할 수 있어요.

아이가 성에 대해 대화가 필요하다는 긴급한 신호이니까 부모는 이에 응답해야 해요.

섹스팅 : (휴대전화로) 성적인 메시지나 사진, 동영상을 주고받는 행위

"우리 아이는 피를 볼 때까지 몸에 상처를 내요."

"그 전엔 이 정도는 아니었던 것 같은데
아이가 딱지를 자꾸 뜯어요."

아이는 자신을 소중하게 여기지 않기 때문에 상처를 돌볼 줄 모르고 함부로 대하는 거예요. 아이는 이런 대우가 익숙해요. 그래서 성폭력 피해를 어떻게 다루어야 할지 전혀 몰라요.

사실 피해 이전부터 아이가 적절한 보호나 따뜻한 보살핌이 부족했을 수 있어요. 아이도 부모도 도움이 필요해요. 소중한 존재임을 서로가 많이 나누어야 해요.

"너는 소중하단다.", "너는 세상에 하나뿐이야.", "엄마한테 네가 최고야.", "네가 웃으면 엄마도 좋아.", "너무너무 사랑해." 등의 말을 마음껏 나누세요.

"아이가 일기장에 죽고 싶다고 써놨어요."

"우리 아이는 유서도 써놨던데..."

아이는 아주 깊은 상처 속에 갇혀 있어요. 겉으로는 잘 지내고 있는 듯 보여도 다급하게 구조 신호를 보내는 거예요. 지금 부모님의 역할이 매우 중요해요. **이유 없이, 조건 없이 아이를 힘껏 끌어 안아 줘야 하고, 자주 다독여줘야 하며, 함께 할 거라고, 도와줄 거라고 응원해줘야 해요.**

그런데 부모가 우연이라도 아이의 일기장 혹은 유서를 본 것에 대해 어떻게 해야 할지 고민이 들 수 있어요. '내가 차분하고 담대하게 얘기할 수 있는 부모인가?' 자문해보세요. '할 수 있다'가 답이라면, 속상해하지 않고 진지하게 이야기를 이끌어 가보세요.

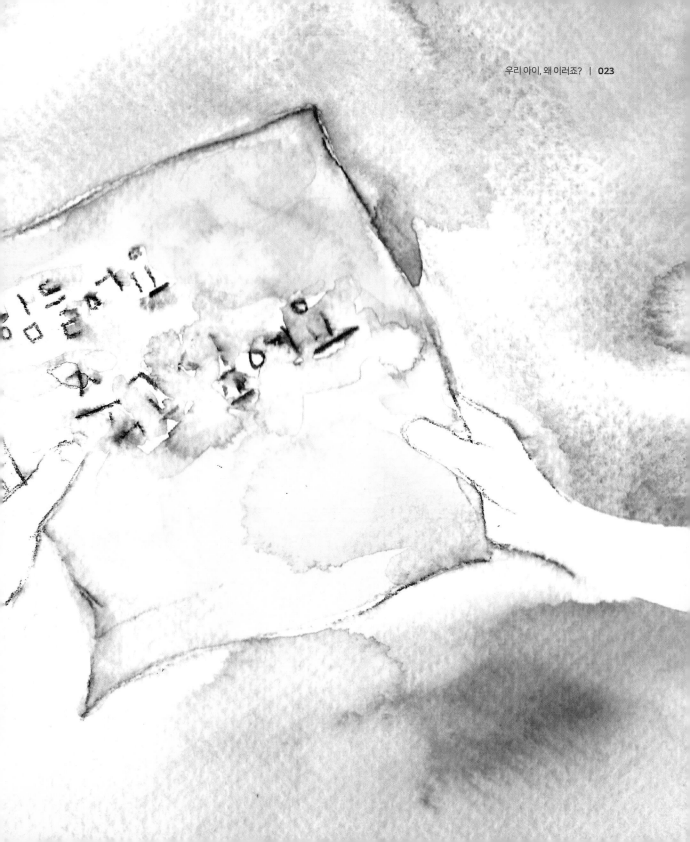

성폭력 피해 후 죄책감과 수치심이 나타날 수 있어요. 아이가 어릴
수록 성폭력에 대한 잘못된 사회적 편견을 그대로 받아들이기 쉬워요.
아이가 더 상처 받지 않게 도와줄 수 있는 방법들을 알아보아요.

"아이가 자꾸 자기 잘못이라고 말해요."

부모가 '네 잘못이 아니야'라고 아무리 말해줘도 아이 마음이 쉽게 바뀌지 않아요. 이럴 때는 아이에게 **"너에게만 일어나는 일이 아니야."**라고 이야기를 시작해보세요. 안타깝게도 세상에는 성폭력 사건이 끊임없이 일어나고 있고 아무 잘못이 없는데도 이런 일을 겪는 아이들이 있다는 걸 알려주는 게 도움이 돼요.

"아이가 사건에 대해 말도 못 꺼내게 해요."

"우리 아이는 사건에 대해 말만 해도 울어요.
비슷한 것만 봐도 그래요."

"심지어 쉬 나오는 곳이 더럽대요."

아이는 지금 안정적인 생활을 통째로 뒤흔드는 사건을 경험하고 아직 정리할 엄두도 내지 못하고 있어요. 일단 사건에 관한 이야기는 잠시 피해주세요.

'우리 아이는 천천히 나아질 거야.' 라고 부모님이 먼저 마음을 먹고 하나하나 차근차근 천천히 다가가요. 부모님의 몸과 마음이 현재 안정적이라면 아이를 도닥여 일상생활을 유지하도록 신경써주세요.

하지만 부모님도 사건만으로 벅차시다면 전문가를 찾아가 적극적으로 도움을 구하세요.

"아이가 갑자기 어딘지 모르게 성숙해졌어요."

"아이가 미안하다면서 자꾸 저를 챙겨요."

아이는 자기로 인해 모두 힘든 상황에 처했다는 압박감에 시달리고 있어요. 가족들이 아무리 편하게 해줘도 어쩔 줄 몰라 하고 '꼼짝 못하고 있는' 상태죠. '내가 잘해서 상황을 나아지게 해야 한다'는 부담감에 아이는 살얼음판을 걷고 있는 거예요.

아이를 살얼음판에서 꺼내주려면 가족의 단합이 필요해요. **'너 때문에'**가 아니라 **'이 일을 계기로'** 가족이 더 뭉치고 함께 할 수 있게 되었다는 메시지를 느끼게 해 주는 것이 중요해요.

위협이나 협박, 폭행이 없더라도 아이가 압도적인 공포나 두려움을
느낄 수 있다는 게 아동 성폭력의 특징이에요.

"아이가 자다 소리 지르며 깨는 일이 많아졌어요."

"아이가 울면서 일어나네요."

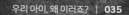

현실 세계에서 공포나 무서움이 너무 커서 소화되지 않으면 꿈 세계로 침입해요.
"그냥 꿈이야. 걱정 말고 자."라는 말은 아이의 무서움을 쫓아주지 못해요.

이 시기 아이에게는 꿈이 현실 같아요. 부모님도 진지하게 대해주세요. 아이가
꾼 꿈을 얘기하면 귀 기울여 듣고, 꿈에 나온 '무서운 것'을 어떻게 하면 물리칠
수 있을지 같이 고민해요.

예컨대 아이에게 **"꿈에 뭐가 있었으면 훨씬 덜 무서웠을까?"**라는 질문에 "방패"
라고 한다면 방패를 만들거나 그려볼 수 있죠.

"아이가 사람이 밖에 있으면 나가지 않으려고 해요."

"낯선 사람이 지나갈 때마다 아이가 제 뒤에 숨어요."

"아이가 여름에 땀을 뻘뻘 흘리면서도 창문을 못 열게 해요."

극심한 공포는 세상으로부터 문을 닫게 해요. 아이는 지금 자기를 보호하기 위해 노력하는 거예요. 그러니 그 보호막을 급하게 걷어버리지 마세요. 부모님은 아이가 계속 이렇게 하면 학교도 못 다니고 친구도 못 사귈까 봐 걱정하실 수 있어요. 하지만 그렇다고 아이를 강제로 혼자 밖에 내보내거나 억지로 사람들을 만나게 하는 건 도움이 되지 않아요. 오히려 아이의 두려움이 더 커져요.

이솝우화 『해와 바람』 이야기 기억하세요? 아이가 창문을 못 열면 예쁜 가림 막을 쳐주세요. 아이가 혼자 밖에 나가지 못하면 부모가 함께 나가주세요. 아이가 낯선 사람을 두려워하면 부모가 먼저 적극적으로 보호해주세요.

성폭력 피해 후 시간이 지날수록 점차 더 침울해지고 우울해지며
무기력해질 수 있어요. 특히 피해를 무시하고 방치할수록 깊어져요.

"아이가 갑자기 아무것도 안 하고 TV만 봐요."

"몇 시간이고 멍 때리고 있어요."

부모님도 힘든 일을 겪으면 잠시 정리할 시간이 필요하시잖아요. 아이도 똑같아요. 아이에게 잠시 시간을 주세요.

하지만 그 시간이 너무 길어진다면 간단한 보드게임을 함께 해주세요. 보드게임이 없다면 오목이나 손가락 게임도 좋아요. 또, 가벼운 신체 접촉도 괜찮아요. 곁으로 다가가 손도 주물러 주고 간지럼도 태우고 발로 장난도 쳐보아요.

"갑자기 자꾸 배가 아프다고 해요."

"아이가 요즘 들어 계속 머리 아프대요."

"아이가 전에 없이 자주 토해요."

일단 병원 진료를 받아보세요. 병원에서 신체적 이상이 없다고 하더라도 꾀병은 아니에요. 스트레스는 점점 쌓이는데 표현을 못하면 몸으로 나타나요.

이럴 때 아이를 안아주고 **"우리 도담이 마음이 많이 힘들구나."**라고 도닥여주세요. 그리고 마음이 아플 때 몸이 아팠던 경험들에 대해 아이와 함께 나누어요. **"우리가 긴장하면 화장실에 자주 가잖아. 우리 이런 경험 얘기해볼까? 뭐가 또 있었을까?"**

#신체화 증상 : 신체적 질병이 없음에도 심리적인 이유로 소화불량, 메스꺼움, 구토감, 어지러움, 두통, 피로감 등을 호소하는 것

"아이가 기운이 하나도 없고 축 쳐져 있어요."

"요즘 들어 아이가 부쩍 혼자 있으려고 해요."

아이도 혼자 있고 싶을 때가 있어요. 아이는 전과 달리 기운이 없어 보이기도 하고
쉽게 지치기도 하고 사람들 앞에 나서기를 꺼려하거나 더 많이 긴장하기도 해요.
부모님의 마음이 심란할 때를 떠올리시면 이해가 쉬울 거예요.

이럴 때는 시간이 필요하지만 마냥 두기에 걱정되실 때에는 이런 방법을 써보
아요. 아이랑 종이를 펼쳐놓고 기운이 날 수 있는 방법을 함께 찾아서 적어 보아요.
그 방법을 찾아서 함께 해보는 것도 중요하지만, **더 중요한 건 이 모든 걸 함께
할 수 있는 든든한 사람이 곁에 있다는걸 느끼게 해주는 거예요.**

"아이가 갑자기 유치원에 가지 않으려고 해요."

"우리 아이는 학교가 가기 싫대요."

사건 이후 아이가 전에 잘 하던 혹은 잘 참던 것을 버거워하는 건 당연해요.
아이는 지금 자신이 겪은 힘든 일들을 마음속에서 정리하느라 외부 활동에
에너지를 많이 쓸 수가 없거든요.

그래도 일상생활을 매일 일정하게 유지하는 건 무척 중요해요. 당분간 부모님은
아이가 전처럼 같은 시간에 학교를 가고 같은 시간에 집에 돌아오는 것을 목표로
해주세요. 아침에 아이가 등교한다는 것 자체를 격려해주세요.

"아이가 언젠가부터 하루 종일 울어요."

"안 그러던 애가 사소한 일에도 눈물부터 흘려요."

이런 모습을 지켜봐야 하는 부모는 마음이 너무 아프죠. 이렇게 아이가 힘없이 울기만 할 때 곁에 다가가 따뜻하게 안아주세요. 토닥거려주고 머리도 쓰다듬어주시고 사랑을 담아 바라봐주세요. **특별한 이유가 없어도 평소에 도닥여주세요.** 이런 도닥거림이 아이에겐 힘든 일을 견딜 수 있게 해주는 자양분이 돼요.

"아이가 뒤척이며 잠을 잘 못자요."

"우리 아이는 하루 종일 잠만 자요."

유난히 힘든 날엔 평소처럼 자기 어려운 걸 느껴보신 적이 있나요?
아이도 같아요.

하지만 잘 못자거나 너무 오래 자는 일이 지속되면 아이의 생활 리듬이
깨질 수 있어요. **일정한 생활을 위해서는 자는 시간이 들쑥날쑥하더
라도 일어나는 시간은 늘 비슷하게 해주세요.** 잠을 푹 자게 하기 위해서
야외활동도 필요해요.

"아이가 갑자기 토할 때까지 먹어요."

" 그날 이후로 아이가 입맛을 잃었어요."

밥도 잠만큼 일정한 리듬이 중요해요. 아이가 많이 먹거나 적게 먹는 것보다 가족이 한 자리에 모여 함께 하는 식사 시간이라는 것에 의미를 두세요. 아이와 상을 차리고 반찬도 만들고 설거지할 그릇도 날라주세요. 아이가 실수하더라도 모든 과정에 아이가 직접 참여하고 있다는 것이 중요해요. 아이가 적게 먹는다면 밥을 한 술만이라도 뜨는 게 좋고, 아이가 많이 먹는다면 가족과 함께 있는 자리에서 먹도록 해주세요.

불안은 성폭력 피해 후 가장 흔하게 나타나요. 성폭력이라는
위협에 대처하기 위해 나타나는 아주 자연스러운 반응이죠.

" 우리 아이가 안 그랬는데 자꾸 매달려요."

"잠깐 화장실 가는 것도 따라오려고 해요."

피해 이후에는 세상이 두려울 수 있어요. 당분간 되도록이면 아이를 혼자 두지 마세요.

하지만 늘 붙어 있을 수는 없죠. 아이에게 혼자 있어야 하는 시간을 미리 알려 주세요. 그리고 그 시간 동안 아이가 혼자 견딜 수 있는 활동을 함께 계획해주세요.

예를 들어 **"아빠는 지금 쓰레기 버리고 올 거야. 5분 정도 걸릴 거니까 그동안 도담이는 아빠 얼굴 그려줄래?"** 이렇게요. 그 시간은 짧을수록 좋지만 반드시 정확한 시간을 알려주셔야 해요.

"우리 아이가 자꾸 손톱을 물어뜯어요."

"아이가 입술에 피가 나도 계속 뜯네요."

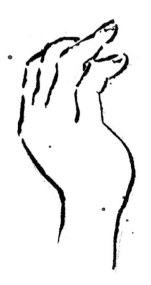

아이가 불안하고 긴장하고 있다는 뜻이에요. 그런데 역설적으로 이런 행동이 사실은 긴장을 풀기 위한 것이기도 해요. **그래서 못하게 막기보다는 손톱이나 입술 대신 뜯을 수 있는 다른 것을 주세요.** 종이, 휴지, 무엇이든 좋아요. 껌처럼 씹는 것도 괜찮아요. 다만 이런 행동이 전부터 계속 있었다면 전문가와 상의하세요.

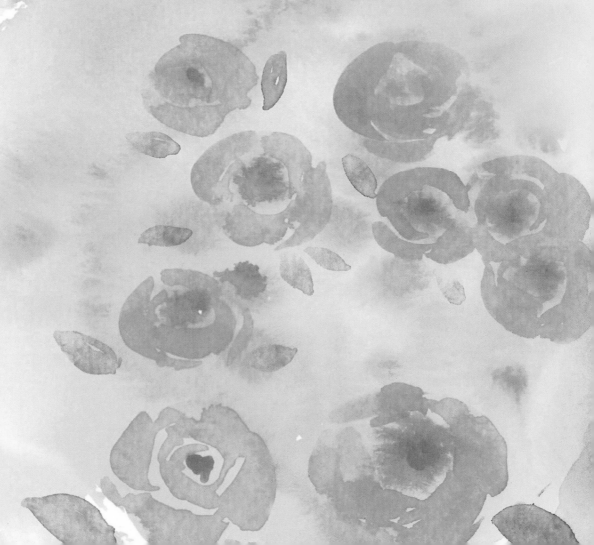

"아이가 하루에도 몇 번씩
'엄마 죽으면 어떡해?'라고 물어봐요."

"우리 아이도 '아빠 늙지 마. 늙으면 죽잖아.'라는
말을 계속 해요."

부모님에게는 뜬금없는 소리 같겠지만 아이는 힘들 때 혼자 남겨질까 봐 불안한 거예요. 아이가 힘든 일을 겪었을 때 혼자 얼마나 무서웠을지 헤아려주세요.

"엄마 안 죽어.", "아빠 안 늙어."라는 말은 소용없어요.

그보다는 **"우리 도담이가 20살이 되면 기념으로 가족여행 가고 싶다. 도담이는 뭐하고 싶니?"** 처럼, 같이 긍정적인 미래 계획을 세워보아요.

성폭력 피해 후 아이의 복잡한 마음이 짜증, 화,
신경질로 나타나요.

"우리 아이가 하루 종일 신경질을 내요."

"아이가 자꾸 발을 동동 구르며 소리 지르고 울어요."

성폭력 피해가 생기면 감정이 오락가락하고 힘이 많이 들어요. 이때 아이들은 짜증이나 신경질로 반응하죠. 이때 가장 중요한 것은 부모가 아이와 실랑이 하지 않는 거예요. 아무리 좋은 말도 싸움이 될 수 있어요.

어렵겠지만 따뜻한 눈으로 가만히 지켜봐주세요. 타인에게 피해가 된다면 공공장소를 피해주시고, 지나치다면 부모가 동요되지 않은 상태에서 아이를 뒤에서 힘껏 안아 진정될 때까지 가만히 함께 버텨주세요. **아이는 어찌할지 몰라 감정을 표출했을 때 함께 견뎌준 부모에게 믿음을 배우기도 해요.**

"예전엔 안 그랬는데 우리 아이가 가만히 있질 못해요."

"우리 아이가 잘 참지 못하고 짜증만 내요."

일단 부모도 같이 폭발하지 않는 게 중요해요. 아이에게 참아보라고 다그치는 건 아무런 도움이 안 돼요. 이럴 땐 함께 풀 수 있는 방법을 찾아보는 게 필요해요. 몸을 움직이는 활동이 가장 좋아요.

"갑자기 작은 일에도 벌컥 화를 내요."

"아이가 자주 싸워요."

'해'를 입었다고 느껴지면 화가 울컥 솟구치죠. 우리 아이가 화가 많이 났다는 걸 누군가는 알아줘야 해요. 이번 기회에 건강하게 화를 풀 수 있는 방법을 가족 모두가 함께 찾아보는 시간을 추천해요. **'화'는 가족 모두가 동참해야 하는 주제거든요.**

예를 들어 다 함께 장난감 볼링을 친다든지, 신문지를 찢어본다든지, 책을 소리 내어 함께 읽어보는 시간을 가질 수도 있어요.

잘못하는 걸까요?

피해를 처음 알게 된 후 우리가 실수하지 않도록
놓치기 쉬운 부분을 함께 짚어보아요.

"사건 처리 과정을 아이가 아는 게 좋을까요?"

아이에게 성폭력 피해가 발생했을 때 부모 입장에서 미성년자인 아이 대신 부모가 알아서 처리하는 게 좋다고 생각할 수 있어요. 하지만 아이 입장에서는 **'피해 입은 건 난데 왜 내가 어떻게 하고 싶은지 물어보지 않지?'**라고 생각 하게 돼요. 이 생각은 단순히 아이의 불만으로 그치는 게 아니라 부모자녀 간 신뢰를 망가뜨리고 부모와 아이 모두에게 피해보다 더 큰 상처를 남기게 될 수 있어요.

부모가 결정하기 전에 반드시 아이와 상의하세요.

"저도 모르게 사건에 대해 자꾸 캐묻게 돼요."

아이에게 성폭력 피해에 대해 꼬치꼬치 캐묻지 말아주세요. 왜냐하면 자꾸 캐묻게 되면 대부분의 아이들은 오히려 입을 다물어버려요.

게다가 경찰에 신고하려고 한다면 특히 더 조심하셔야 해요. 경찰이나 법원에서는 전문가가 아닌 부모나 다른 사람이 아이에게 진술을 반복하게 했을 경우 진술 오염으로 간주해요. 따라서 가장 중요한 증거인 아이의 진술이 증거로 쓰일 수 없게 돼요. **아이가 자연스럽게 얘기하는 것을 막지는 않되 유도 질문은 매우 조심해야 해요.**

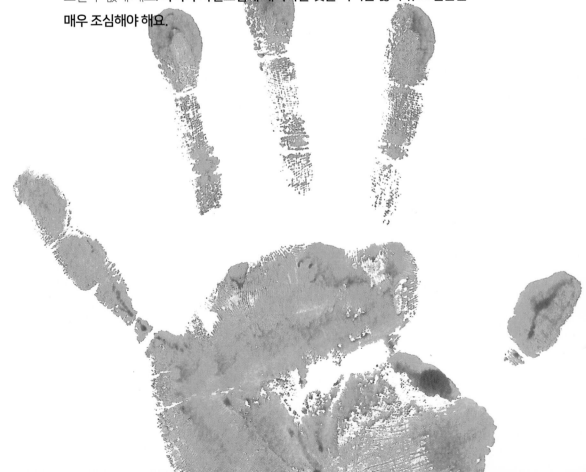

"아이가 사건에 대해 얘기하면 듣기 싫어요."

반대로 아이가 얘기하려고 하는데 못하게 막는 것도 위험해요. 아이가 말로
표현하거나 행동으로 표출하는 건 자연스러운 치유의 한 과정이에요. 이걸
못하게 하면 속으로 곪아요. **안전하게 그리고 안전한 사람에게 나눌 수 있도록
알려주세요.**

"사건 생각하면 아이 앞에서 폭발해요."

피해 당사자인 아이보다 부모인 내가 더 화를 내고 있는 건 아닌지, 더 불안해하는 건 아닌지, 더 창피해하는 건 아닌지 생각해보세요. **부모가 자기 기분을 여과 없이 아이에게 드러내버리면 아이는 부모 눈치를 보느라 오히려 자기 마음을 억누를 수 있어요.** 그러면 아이는 앞으로 작은 일이든 큰일이든 무엇도 부모와 나누려 하지 않을 거예요. 이런 부모의 태도는 아이에게 평생 남의 눈치만 보고 살라고 하는 것과 같아서 남에게 휘둘릴 수 있어요.

"자꾸 아이 탓을 하게 돼요."

이미 피해만으로도 아이는 힘든데 부모가 아이를 비난하거나 심지어 처벌하면 아이는 돌이킬 수 없는 타격을 받게 돼요. 실제 피해에 대한 상처는 회복이 돼요. 하지만 "네가 똑바로 했으면 이런 일이 생겼겠어?", "바보같이 가만있었어?", "이제 몸 다 버렸으니 어떡하냐?" 등의 말은 아이에게 영원히 고통을 줘요.

"아이가 불쌍해서 오냐오냐 하게 돼요."

부모는 아이가 큰 피해를 입은 것이 안쓰럽고 미안해서 아이가 무엇을 원하든 원하는 대로 다 들어줄 수 있어요. 부모는 이걸 '당분간'이라 생각하고 다 나으면 원래대로 돌아갈 거라고 생각하지만, 아이는 이걸 '당분간'이라고 생각하지 못하고 "전에 못하게 했던 걸 다 들어주네."라고 느껴요. 그래서 피해 이후 일상의 규칙을 흐트러뜨리지 않는 게 중요해요. **부모가 앞으로도 계속 지킬 수 있는 약속만 하세요.** 일관성은 매우 중요해요.

"아이가 내 손 밖을 벗어나면 안 될 것 같아요."

부모는 아이가 걱정되어 자연스럽게 아이의 사생활을 하나하나 더 알고 싶어
할 수 있어요. 오히려 그럴수록 아이는 간섭이라고 느끼고 더 은밀하게 감출 수
있어요.

아이가 부모에게 무엇이든 말하길 바란다면, 아이가 스스로 안전하다고 느끼게
만들어줘야 해요. **아이가 혼날 걱정 없이 이야기할 수 있도록 판단 없이 귀기울
여주세요.** 이솝우화의 「해와 바람」이 주는 교훈을 다시 떠올려주세요.

"우리 부부가 자꾸 싸워요."

수많은 양육서에서는 공통적으로 아이 앞에서 부부싸움을 하지 말라고 주의를 주고 있죠. 그 어느 때보다 이 시기는 더 예민하기 때문에 조심해야 해요. 아이는 부부싸움이 일어나면 '나 때문이야'라고 생각해서 자기 몫이 아닌 수치심과 죄책감을 크게 느낄 수 있어요.

만약 부모 사이에 의견 차이나 갈등이 있다면 카페 같은 밖의 다른 장소를 이용하는 방법도 있어요. 그리고 혹시 다투었다면 냉랭한 분위기를 아이가 혼자 견디게 그냥 두지 마시고 둘 중 한 부모는 아이를 다독여주세요.

"아이의 형제에게도 알려줘야 하나요?"

형제가 있을 경우 아무리 그 형제에게 비밀로 하려고 해도 집안 분위기가 달라진 걸 느낄 수 밖에 없어요. 무조건 솔직하게 다 털어놓으라는 게 아니라 아이가 그 형제에게 이 상황을 설명하고 싶은지 아이와 부모가 먼저 상의해 보세요. 예를 들면, **"너의 얘기를 어떻게 들려주면 좋겠어?"**라고 아이에게 물어보세요.

괜찮아질까요?

여기서는 우리가 우리를 잘 보살피고
돌볼 수 있는 방법 몇 가지를 소개할 거예요.

두 가지로 나누면,
하나는 부모가 부모 자신을 챙기는 것,
다른 하나는 부모가 아이와 함께 챙기는 것이에요.

한두 번 해보아서 숙달되는 방법은 없어요.
하나씩 해보면서 내게 어떤 느낌을 주는지에 집중해보세요.
조금이라도 느껴지는 것이 있다면 그것으로도 훌륭해요.

부모 마음 점검하기 - 내 마음은 괜찮은가요?

피해 이후에 아이도 힘들지만, 부모님도 많이 힘들어요. 하지만 얼마나 힘든지 모르고
지나가는 경우가 많아요. 다음 질문들을 보고 지금 부모님의 상태는 어떤지 점검해보세요.

- [ ] 아이보다 부모인 내가 더 기분이 오르락내리락하나요?

- [ ] 피해 이후 아이를 혼자 두기에 너무 불안하나요?

- [ ] 아이의 피해 내용이 듣기 싫은가요?

- [ ] 아이의 피해를 없었던 일로 만들고 싶은가요?

- [ ] 피해 이후로 아이 자체가 싫은가요?

- [ ] 하루 종일 이 생각에 사로잡혀 있나요?

- [ ] 피해 이후 늘 하던 일조차 하기 싫어졌나요?

- [ ] 아무리 가라앉히려고 노력해도 마음이 진정되지 않나요?

- [ ] 나도 모르게 아이 탓을 하게 되나요?

- [ ] 내 삶도 아이의 삶도 망가져버린 것 같나요?

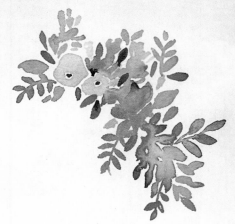

☐ 아이 피해와 관련된 꿈을 계속 꾸나요?

☐ 다시는 행복해질 수 없을 것만 같나요?

☐ 아이에게 뭘 어떻게 해줘야 할지 너무 막막한가요?

☐ 도움 받을 곳이 아무데도 없다고 느껴지나요?

☐ 피해와 관련하여 아무리 사소한 것도 다 내가 처리해야 한다고 생각하나요?

☐ 아이의 피해가 부모인 내 탓이라고 느껴지나요?

☐ 아이의 일거수일투족을 다 알아야 한다고 느껴지시나요?

☐ 피해 이후 아이가 한없이 안쓰러우신가요?

☐ 아이의 말을 다 들어줘야 할 것 같나요?

☐ 피해 이후 가족들이 더 자주 다투나요?

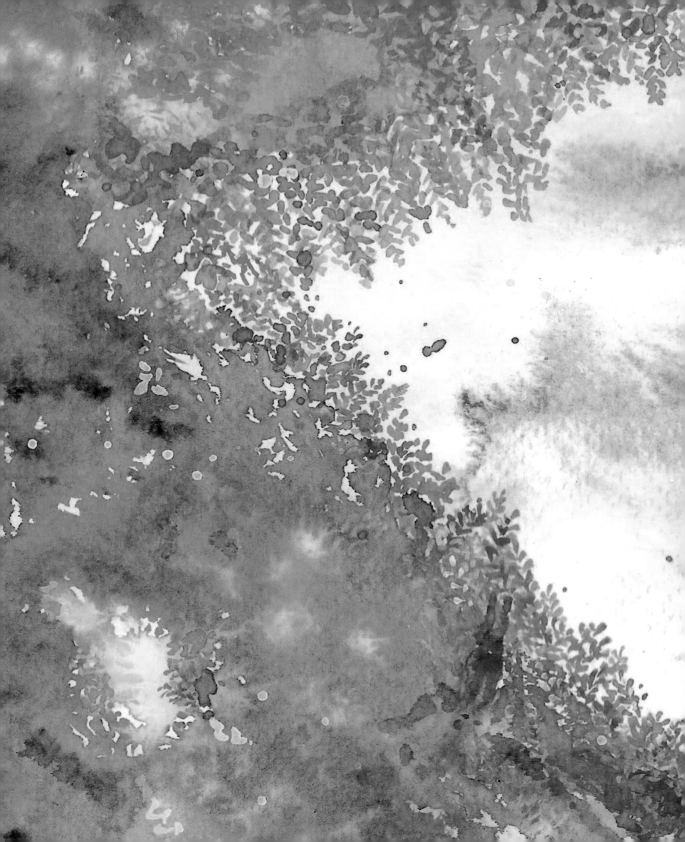

이런 풍경 속을 걷는다고 상상해보세요.

아이와 함께 있는 게 벅차게 느껴지거나 아이를 보살피는 게 힘들어질 때는 아무에게도 방해받지 않는 혼자만의 시간이 꼭 필요해요. 아이를 키우면서 시간 내기 어려운 거 알아요. 학원이든 옆집이든 믿을 만한 사람에게 아이를 잠시 맡겨 보아요. 그 시간만큼은 아무것도 하지 않아도 괜찮아요.

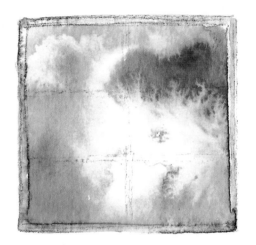

내 몸의 떨림을 느낄 수 있을 정도로 천천히 깊고 길게 "후—— 후——" 내쉬는
숨을 느껴보세요.

따뜻한 물은 몸뿐만 아니라 마음도 풀어줘요.

따뜻하고 향기로운 차는 마음을 고요하게 가라앉혀줘요.

녹색 잎을 보고 만지는 게 위안이 되기도 해요.

우리도 식물처럼 햇볕이 필요해요.

밥은 잘 챙겨 드세요? 잠은 잘 주무셨고요?

주변을 정리하다보면 내 마음도 정리될 때가 있어요.

머릿속으로만 생각하면 끝이 없어요. 뒤죽박죽인 내 생각을 글로 쏟아보아요.
편지, 일기, 그림, 낙서……, 뭐든 좋아요.

혼자 표현하는 것도 좋지만 다른 사람들에게 표현하는 것도 좋아요.
특히 내가 좋아하는 사람, 내 이야기를 해도 안전한 사람에게요.

조금씩 몸을 움직이다보면 천천히 힘이 생기기도 해요.

내가 좋아하는 것, 나를 보호해주는 것들을 알아두면 유용해요. 생각만 해도 저절로 미소지어지는 것들을 찾아봐요. 강아지, 아이스크림, 비누 향기, 보드라운 이불, 아침 햇살, 곰인형, 풀 내음, 밥 짓는 냄새, 풍경소리, 예전에 받았던 응원의 편지, 즐거웠던 여행 사진……, 이런 것들이 힘들 때 나를 붙잡아 줄 수 있어요.

굳이 특별한 걸 하지 않아도 소소한 일상을 부모와 아이가 함께 할 때 아이는 더 쉽게 안정돼요. 목욕하기, 요리하기, 화분에 물주기, 산책하기, 무엇이든 좋아요.

성교육이나 안전교육 관련 책을 아이와 함께 읽어보아요. 부모는 조금 어려울 수 있는 이야기들을 아이와 함께 책을 보며 나눌 수 있어서 좋고, 아이 역시 터놓기 어려운 이야기를 자연스럽게 전할 수 있어서 좋아요.

껄끄럽더라도 부모는 아이와 사건에 대해 함께 공부해야 해요. 아이가 묻지 않더라도 사건의 진행 과정이나 법적인 절차에 대해 아이에게 알려주는 건 부모 몫이에요. 그리고 그 안에서 부모와 아이가 선택할 수 있는 것들에 대해서도 충분히 상의해야 해요. 이런 과정에는 용기가 필요하지만 결국 서로에게 신뢰를 심어주지요.